COPÉRNICO

La revolución heliocéntrica

Por Mélanie Mettra
Traducido por Marina Martín Serra

NICOLÁS COPÉRNICO Y LA REVOLUCIÓN HELIOCÉNTRICA

- **¿Nacimiento?** El 19 de febrero de 1473 en Toruń (Polonia).
- **¿Muerte?** El 24 de mayo de 1543 en Frauenburg (actual Frombork, en Polonia).
- **¿Principal aportación?** Presentación de un sistema planetario heliocéntrico.

El nombre de Nicolás Copérnico se asocia a una gran ruptura en la historia de la astronomía. Tras 14 siglos de observación y de cálculos basados en las teorías aristotélicas y tolemaicas de un universo finito, en el que hay esferas sólidas que hacen girar, sobre su capa cristalina, planetas y estrellas alrededor de una Tierra inmóvil, y más allá del que evolucionan monstruos, dioses y ángeles, el sistema copernicano planta la semilla de una revolución.

El inicio del siglo XVI está marcado por cambios profundos: los exploradores aprovechan el progreso de las técnicas de navegación y se lanzan a la conquista de los océanos, por nuevas rutas y hacia nuevas tierras. Así, mientras que Copérnico estudia en Cracovia, Cristóbal Colón (1450/1451-1506) descubre América. Además, el humanismo transforma el pensamiento, cultivando el gusto por el saber gracias a una vuelta a las raíces antiguas de la cultura europea, enriquecidas por las aportaciones intelectuales del Oriente medieval. La Iglesia católica también ve cómo se tambalean sus cimientos a causa de la Reforma protestante, y encuentra un nuevo impulso en su propia reforma.

Este periodo, aunque mira hacia la Antigüedad, anuncia el fin de la herencia del sabio griego Claudio Ptolomeo (100-170). Matemático, geógrafo y astrónomo a la vez, este dota al primer siglo de nuestra era de una geografía y un sistema astronómico con una longevidad remarcable. Pero el descubrimiento de América hace que la primera quede obsoleta, y Nicolás Copérnico reinterpreta el segundo, formulando la hipótesis de que la Tierra no es inmóvil. Mejor aún, giraría sobre sí misma y alrededor del Sol, que ahora ocupa el centro del sistema planetario. Solamente estos pequeños cambios distinguen el sistema copernicano del ptolemaico, del que se mantiene muy cerca. Sin embargo, Copérnico origina una revolución que, en cinco siglos, de Galileo (astrónomo y físico italiano, 1564-1642) a Kepler (astrónomo alemán, 1571-1630), de Kepler a Newton (físico, matemático y astrónomo Inglés, 1642-1727) y de Newton a Einstein (físico estadounidense, 1879-1955), va a transformar la visión del cielo y del universo.

BIOGRAFÍA

LA FORMACIÓN DE UN HUMANISTA

Nicolás Copérnico nace el 19 de febrero de 1473 en Toruń, ciudad de Prusia Real, en el seno del reino de Polonia. Es el menor de una familia de cuatro hermanos. Su padre, un rico comerciante de Cracovia, decide establecerse en Toruń para aprovechar el floreciente comercio hanseático. Huérfano cuando no tiene más de diez años, Nicolás es adoptado, junto con sus hermanos, por su tío materno, Lukas Watzenrode (1447-1512), un hombre con una gran cultura, conocido por sus hazañas bélicas y, sobre todo, por su título de obispo de Warmia (o de Ermeland).

Después de haber seguido las enseñanzas de Bernard Sculteti (1455-1518), futuro capellán del papa León X (1475-1521), su tío lo manda, con tan solo 18 años, a la Universidad de Cracovia, para que estudie teología, pero sobre todo derecho canónico y las artes liberales. Bajo la influencia de su profesor Alberto de Brudzewo (astrónomo polaco, 1445-1497), adquiere sus primeras nociones de astronomía. En 1496, se encamina hacia Italia para asistir a las clases de la Universidad de Bolonia. Especializándose siempre en derecho y filosofía, conoce a Domenico Maria Novara (astrónomo italiano, 1454-1504), con quien realiza numerosas observaciones astronómicas y descubre la literatura científica y filosófica sobre ese tema.

Mientras tanto, su tío lo hace nombrar canónigo de Frombork. Después de haber asumido su cargo, Nicolás

Copérnico deja Polonia de nuevo para terminar sus estudios en Pádova. Allí, mientras sigue un curso de medicina, obtiene el título de doctor en derecho canónico (mayo de 1503). Entonces, vuelve a Polonia, tierra de la que casi ya no volverá a salir hasta su muerte.

UN RECORRIDO CONTRASTADO

Como canónigo, Copérnico ejerce grandes responsabilidades económicas y políticas. Como médico, cura a su tío, el obispo de Warmia. Administrador de los bienes del cabildo de Warmia, se encarga de la atribución de las tierras y la instalación de los colonos, pero también de la representación del Cabildo en las asambleas de los Estados de Prusia Real.

Cuando Polonia entra en conflicto con los caballeros de la Orden Teutónica, Copérnico participa en el combate y debe huir de Frombork cuando estos últimos asaltan la ciudad (enero de 1520). Igualmente, organiza la defensa de la ciudad de Olsztyn como comandante militar.

Paralelamente, escribe una importante obra de reforma económica y monetaria (*De monete cutende ratio*, «Disertación sobre la acuñación de la moneda»), en la que expone, con rigor científico, la importancia del valor monetario, de la relación entre los metales preciosos oro y plata. Igualmente, es el precursor de la ley llamada de Gresham (cuando dos monedas se producen al mismo tiempo, la mejor se atesora, y solamente se deja circular a la menos buena).

Pero estas actividades no lo alejan de su pasión: la astronomía. Todos sus viajes presentan la ocasión de observar el cielo y, en Frombork, hace levantar una torre cerca de la catedral para habilitar un observatorio. Su lectura de los autores griegos, latinos y árabes y la calidad de sus observaciones le permiten cuestionar el sistema del astrónomo griego Claudio Ptolomeo, el predominante hasta ese momento. Al sistema geocéntrico que, a costa de numerosos cambios complejos, sitúa la Tierra en el centro de un sistema de planetas que giran alrededor de ella, prefiere un sistema heliocéntrico simplificado. Discreto con sus descubrimientos y sus hipótesis, su obra *De revolutionibus orbium coelestium* (*Del movimiento de las esferas celestes*), que sin duda terminó de redactar en 1530, no se imprime en Núremberg hasta 1543, pocas semanas antes de su muerte. Su amigo y discípulo Georg Joachim von Lauchen, llamado Rheticus (astrónomo polaco, 1514-1576), será el encargado de intentar difundir la obra de su maestro. Esta, que *a posteriori* tiene que dar lugar a la revolución copernicana, en un primer momento no tiene mucho éxito. No alcanzará toda su importancia hasta su desarrollo a través de la obra de Tycho Brahe (astrónomo danés, 1546-1601), de Galileo o de Johannes Kepler.

Copérnico muere en mayo de 1543 a causa de una hemorragia cerebral.

LA NUEVA TUMBA DE NICOLÁS COPÉRNICO

Según la tradición, los canónigos son enterrados en la catedral de la que dependen. Pero la tumba de Nicolás Copérnico permaneció mucho tiempo perdida en Frombork. El 4 de noviembre de 2005, tras nuevas investigaciones que permitieron identificar el lugar de inhumación del astrónomo, los arqueólogos encuentran restos en el pie del altar de la Santa Cruz. Gracias al análisis del cráneo y luego de las mechas de pelo de uno de los esqueletos, el cuerpo pudo ser identificado como el de Nicolás Copérnico. Volvió a ser enterrado en su catedral el 22 de mayo de 2010, tras haber recibido una misa y los homenajes de Józef Kowalczyk (obispo polaco, nacido en 1938).

CONTEXTO

UN REINO DE POLONIA CAÓTICO

Desde su creación a mediados del siglo X, el reino cristiano de Polonia se ve sometido a la agitación de sus vecinos. Intentando tomar con regularidad las tierras conquistadas por los reyes de Polonia a la dinastía de los Piastas (hacia 960-1370) o brindando un apoyo interesado contra las invasiones, el Sacro Imperio Romano Germánico, pero también los prusianos y los lituanos, asedian a lo largo del siglo XII un reino dividido en ducados vulnerables.

En el siglo XIII, los mongoles se establecen en las tierras dominadas por los caballeros de la Orden Teutónica, venidos para ayudar al duque de Mazovia, en guerra contra los prusianos. La unidad del reino de Polonia se debe entonces principalmente a la creciente influencia de la Iglesia que, a través de los obispados, anima la vida local. El reinado de Casimiro III (1309-1370) marca un punto de inflexión en la vida política polaca: logra deshacerse de la presencia engorrosa de los caballeros teutónicos y conquistar territorios que otorga a colonos campesinos, lo que favorece así su estatus. Igualmente, bajo su reinado se desarrollan la industria, el comercio y la reputación cultural del reino, a través de la creación de la Universidad de Cracovia. Tras la muerte del rey, la corona pasa primero a manos de su sobrino, Luis de Hungría (1326-1382), y luego a la hija de este último, Eduvigis de Anjou (1372-1399). En 1386, esta contrae matrimonio con el rey de Lituania, que se convierte en rey de Polonia bajo el nombre de Ladislao II Jagellón (1352-1434).

La Orden Teutónica

La Orden Teutónica fue creada entre 1191 y 1198, durante la tercera cruzada, en Acre, en Tierra Santa. Al principio, administradores del sitio de acogida de los peregrinos alemanes, los hospitalarios de la casa de Santa María de los Teutónicos, se organizan rápidamente en orden militar para defender la Tierra Santa. En el siglo XIII, se implantan en el norte de Europa, donde dirigen sus armas contra las poblaciones paganas. Conquistan las tierras prusianas, polacas y lituanas, y crean ciudades (entre las que se encuentra Toruń) y un Estado monástico teutónico. Sin embargo, están en lucha constante con sus vecinos y, a mediados del siglo XVI, terminan por tener como única posesión Prusia occidental, sometida al rey de Polonia. Dividida por la Reforma protestante, la orden se debilita hasta que, en 1809, es disuelta por Napoleón I (emperador francés, 1769-1821). Resucita a principios del siglo XX y, hoy en día, está dedicada a obras de caridad y de educación.

La dinastía Jagellón (1377-1572) presidirá durante dos siglos la suerte conjunta de Polonia, Lituania y una parte de Ucrania. Los caballeros teutónicos son sus adversarios principales: ocupando la fachada marítima del norte de Polonia, Ladislao II y luego Casimiro IV (1427-1492) combaten contra ellos durante más de la mitad del siglo XV antes de imponerles la Paz de Toruń en 1466 y obtener así el acceso al mar Báltico.

Además de este conflicto, el vasto reino polaco debe enfrentarse a las incursiones rusas, otomanas o incluso germánicas. A principios del siglo XVI se convierte en una monarquía constitucional, cuyas leyes, recaudación de impuestos o de tropas los tiene que votar una dieta formada por el rey, senadores (altos dignatarios religiosos y militares) y diputados que representan a las asambleas locales de la nobleza (dietinas). Aunque el reino permanece mucho tiempo marcado por su falta de unidad lingüística, étnica y religiosa, y por las rivalidades entre los señoríos y los ducados que lo componen, así como por las guerras casi permanentes contra sus vecinos, el siglo XVI marca el inicio de una edad de oro para Polonia. Alimentada por el Renacimiento, desarrolla un pensamiento intelectual rico difundido por autores de lengua polaca, lo que contribuye así al auge de esta y a la elaboración de una forma de unidad nacional.

HUMANISMO Y REFORMA

Mientras que la diversidad de los pueblos, de las lenguas y de las religiones fue un obstáculo para la creación de una unidad nacional, esta diversidad hizo de Polonia una tierra de tolerancia. Además, esta saca provecho de la plenitud del Renacimiento y de la difusión del humanismo. Tras su nacimiento en Italia, estos dos movimientos, uno artístico y el otro intelectual, están estrechamente vinculados por su retorno a las fuentes antiguas. Ya sea en el ámbito arquitectural, pictórico, o en la escultura, o mediante el estudio de los filósofos, sabios griegos y autores árabes, esta inspiración da lugar a una efervescencia cultural que se difunde en Europa entera gracias a las universidades. Los hombres de letras, así como los artistas, se forman y forman a sus discípulos mediante viajes personales de universidad en universidad, pero también mediante una difusión sin precedentes de los libros, gracias a la invención de la imprenta de la mano de Gutenberg (impresor alemán, 1397-1468) en Maguncia.

Así pues, entre 1500 y 1530, la universidad de Cracovia, especialmente desde su reforma por los soberanos Jagellón, es un centro intelectual de primer orden. Entre los docentes que imparten clase, se encuentran numerosos matemáticos astrónomos, como Lorenzo de Raciborz (1381-1448), Pedro de Lozmierza (c. 1430-1474), autor de un método de cálculo de las longitudes, o incluso Alberto de Brudzewo, maestro de Nicolás Copérnico, autor de tablas astronómicas muy populares calculadas por el meridiano de Cracovia y que es el primero en señalar las contradicciones del geocentrismo. Martin Biem d'Olkusz (1470-1540), finalmente, es el ponente para el quinto concilio de Latran (1512-1517) de un proyecto de reforma del calendario basada en los cálculos astronómicos más recientes, en el que participa Nicolás Copérnico. Todos construyen el terreno científico del que se alimentarán los trabajos copernicanos.

Pero es igualmente la época del nacimiento de una nueva corriente religiosa. Procedente de la crítica de las prácticas católicas de Martín Lutero (1483-1546), monje perteneciente a la orden mendicante de los agustinos, y alimentada por el pensamiento humanista que aboga por un retorno a los textos y una relación personal con la fe, la Reforma protestante penetra en Polonia como en la mayoría de los países del norte de Europa. Difundida entre la nobleza principalmente gracias a personalidades como Juan a'Lasco (1499-1560), obispo polaco cercano a Ulrico Zuinglio (teólogo y pastor suizo, 1484-1531) y a Erasmo (teólogo, humanista holandés, 1467-1536), del que compra la biblioteca, tiene una alta tolerancia y es registrada por los distintos príncipes polacos en el Pacto de Varsovia de 1573. El reino rápidamente se convierte en el refugio de varios disidentes cristianos, a los que protege. Esta inclinación hacia el protestantismo muere a finales del siglo XVI. La creación de la Compañía de Jesús (jesuitas), nacida del gran movimiento de Contrarreforma católica, y su implantación en Polonia permiten la reconquista de la élite polaca. La población, por su parte, se mantiene en general vinculada al catolicismo.

EL DESCUBRIMIENTO DE AMÉRICA

Si bien el entorno cultural humanista del norte de Europa es propicio para el desarrollo del pensamiento científico del que Nicolás Copérnico es un símbolo, también originará otra revolución. En efecto, mientras que el segundo descubre la astronomía en la Universidad, Cristóbal Colón lleva sus teorías a la práctica tomando la ruta hacia las Indias por el Atlántico.

Después de los grandes viajes portugueses de Enrique el Navegante (Infante de Portugal, 1394-1460) o Bartolomé Díaz (explorador portugués, *c.* 1450-1500), Cristóbal Colón, financiado por los reyes de España Isabel I de Castilla (1451- 1504) y Fernando II de Aragón (1452-1516), intenta una circunnavegación terrestre para abrir una nueva ruta a hacia las Indias. Descubriendo sin saberlo un nuevo continente, desencadena la explotación de recursos sin precedentes y la transformación radical del comercio mundial. Este descubrimiento afectará a Nicolás Copérnico de dos maneras: como científico en primer lugar, ya que es una prueba de la importancia de la astronomía y una forma de concreción de la ebullición intelectual del momento, pero también como hijo de comerciante, ya que la nueva ruta hacia las Indias hará desaparecer poco a poco la medieval Liga Hanseática, de la que su familia se beneficiaba hasta entonces.

MOMENTOS CLAVE

EL SISTEMA DE CLAUDIO PTOLOMEO

El siglo XVI es el siglo del cuestionamiento del sistema de Claudio Ptolomeo (conocido como Tolomeo). Este sabio griego originario de Alejandría es al mismo tiempo matemático, geógrafo, astrónomo e inventor de instrumentos de observación astronómica. Su *Geografía* (*c.* 150) será el modelo dominante hasta el descubrimiento de América y la refundación de esta disciplina por el Gimnasio Vosgo (asociación cultural y científica), reunido por el duque de Lorena en Saint-Dié-des-Vosges alrededor del año 1500. Igualmente, durante el principio del siglo XVI, su modelo astronómico es cuestionado por Nicolás Copérnico.

El sistema de este último, presentado en el Almagesto (siglo II), se basa en tres principios: un método para el cálculo de las distancias (utilizando la trigonometría), tablas para identificar la posición de los planetas y las estrellas y, por último, una cosmología, es decir, cómo se organiza el universo, el orden de los planetas y su propio movimiento, inspirada en la cosmología de Aristóteles (filósofo griego, 384-322 a. C.). Sobre todo esta última es la que cuestiona la obra de Copérnico.

Para Tolomeo, la Tierra es estacionaria y se encuentra en el centro de su sistema. Alrededor de ella giran, de forma perfectamente circular y con una velocidad uniforme, los planetas, la Luna y el Sol. Sin embargo, esta teoría no tiene en cuenta los fenómenos observados: los planetas parecen ralentizar o incluso realizar movimientos retrógrados. Un planeta que se mueve normalmente hacia el este, a veces parece moverse hacia el oeste antes de reanudar su curso natural hacia el este. Para tratar de explicar este problema, Tolomeo suma a su principio de órbitas circulares y de velocidad uniforme la teoría excéntrica, de los epiciclos y del punto ecuante:

- excéntrica. La Tierra se encuentra en el centro de un círculo llamado deferente. Pero, de hecho, un planeta va a realizar su revolución sobre un círculo cuyo centro está ligeramente desviado en relación con la Tierra. A este círculo se le llama excéntrico;
- los epiciclos. Un planeta, además de su movimiento circular alrededor del círculo excéntrico, efectúa pequeños círculos, llamados epiciclos, cuyo centro se sitúa en este círculo excéntrico;
- el punto ecuante. La velocidad uniforme del movimiento de un planeta no lo es en relación con el centro del círculo deferente (la Tierra), ni con el círculo excéntrico, sino en relación con un tercero punto del radio, llamado punto ecuante.

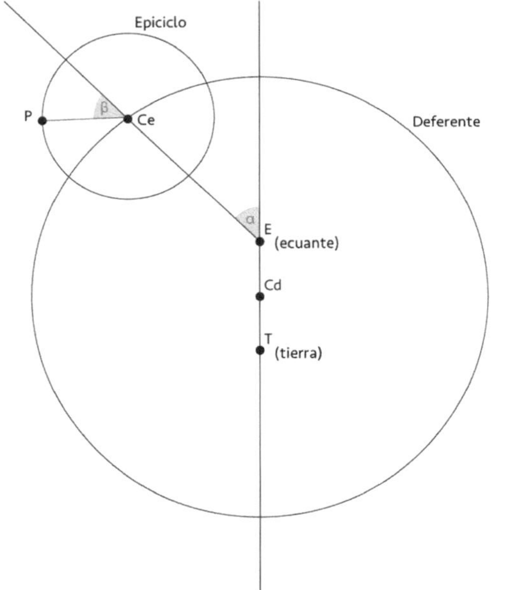

Representación de la trayectoria de un planeta en el sistema ptolemaico.

Este sistema, que parte de principios simples —una Tierra inmóvil en el centro de un círculo sobre el que se mueven los planetas y el Sol—, se vuelve particularmente complejo para corresponderse con la realidad de las observaciones.

LAS OBSERVACIONES

Nicolás Copérnico es heredero de la astronomía antigua y

medieval. En efecto, el científico se basa en los textos de los astrónomos y filósofos griegos, árabes y occidentales, y en sus métodos de cálculo, pero también en sus instrumentos, que no han evolucionado mucho desde entonces.

En el *De revolutionibus*, menciona el uso del cuadrante, sin duda el instrumento astronómico más antiguo. Se trata de una especie de escuadra que, gracias a un cálculo de ángulo, permite medir la altura de un objeto observado —y, por consiguiente, su desplazamiento en el transcurso del tiempo— y su eclíptica (trayectoria dibujada por el recorrido de un planeta en la esfera celeste).

Foto de un cuadrante conservado en el museo Copérnico de Frombork.

La esfera armilar es otro instrumento de observación utilizado. Se trata de una especie de maqueta móvil de la esfera celeste. Cada eclíptica está representada por un círculo (anillo). El instrumento muestra los movimientos de los planetas y del Sol alrededor de la Tierra. La esfera copernicana es muy compleja. Por primera vez, sitúa al Sol en el centro y está formada, igualmente, por círculos que representan las horas y los meridianos, así como por un sistema de aros, agujas y tornillos que proporciona las posiciones astrales con precisión.

Dibujo que representa una esfera armilar presente en L'Encyclopédie de Diderot y de Alembert.

Finalmente, Nicolás Copérnico utiliza un triquetrum o instrumento paraláctico. Tiene tres varillas: las dos primeras son del mismo tamaño, y la tercera es igual a la hipotenusa del triángulo rectángulo formado con las otras dos varillas (es decir, el lado más largo del triángulo). Dos de estas varillas son fijas, la tercera es móvil. Igualmente destinado a calcular la distancia entre el observador y el objeto observado, parece ser uno de los instrumentos preferidos de Nicolás Copérnico.

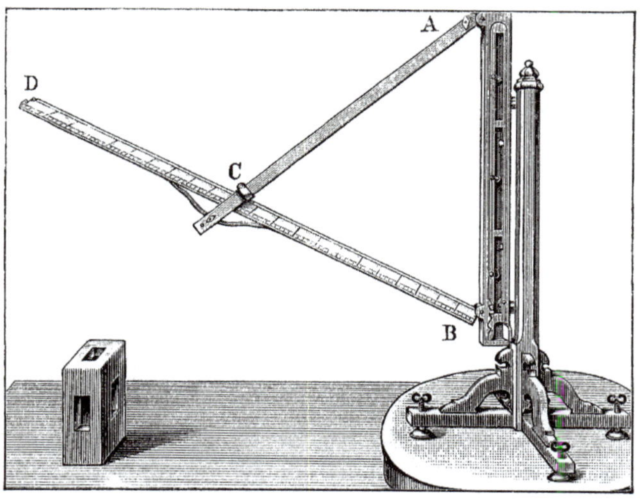

Dibujo que representa un triquetrum.

En su torre de Frombork, Copérnico también utiliza tablas astronómicas. Se trata de recopilaciones que contienen series de datos horarios y angulares que indican, en un determinado lugar, la posición de un astro en el cielo en un momento determinado. La recopilación de datos periódica permite el estudio del movimiento de los planetas y de las estrellas en la esfera celeste. Las primeras las confeccionó Ptolomeo, cuyo trabajo retomaron los astrónomos medievales, primero los árabes y luego los occidentales. Así, se revisaron sus tablas en el siglo XIII, a petición del rey de Castilla Alfonso X (1221-1284), lo que permitió indicar, además de los movimientos de la Luna y de los otros planetas visibles y los métodos de cálculo de estos, los diferentes acontecimientos astronómicos (eclipses, conjunciones, etc.) que tuvieron lugar. Nicolás Copérnico confecciona algunas a su vez y, gracias a su nuevo sistema heliocéntrico, permite que sus sucesores hagan recopilaciones cada vez más precisas. Estas herramientas no solamente sirven para la observación y el conocimiento científico del cielo: también son indispensables para la navegación marítima.

¿Y LA ASTROLOGÍA, A TODO ESTO?

Tanto en la antigüedad como en la Edad Media, la astronomía y la astrología están estrechamente relacionadas. De hecho, si la curiosidad científica empuja a los hombres a comprender su entorno, a menudo está acompaña por intereses prosaicos. Así, el cielo puede ser la representación de acontecimientos mitológicos (como la Vía Láctea que nace de la leche que brota del pecho de la diosa griega Hera, bebida por Heracles), o incluso la morada de los ángeles. Es sobre todo una herramienta de predicción. Los astrónomos árabes medievales son primero astrólogos, y la precisión de sus previsiones de las suertes individuales o políticas depende de un perfecto conocimiento de la mecánica celeste. La distinción entre la astrología y la astronomía no se hará hasta Copérnico, que rompe con la idea espiritual y religiosa de una Tierra en el centro del mundo, y con la desaparición gradual de las esferas celestes distintas y habitadas por dioses, ángeles, o que incluso son la sede del Purgatorio.

UN NUEVO SISTEMA PLANETARIO HELIOCÉNTRICO

Los pocos instrumentos de observación de los que dispone Nicolás Copérnico y el carácter rudimentario de la observación que todavía caracteriza su época explican que los trabajos astronómicos son ante todo construcciones matemáticas. No es fácil conocer las influencias exactas de Copérnico. Ya en la Antigüedad, Aristarco de Samos (astrónomo y matemático griego, 310-230 a. C.) había colocado el Sol en el centro del sistema planetario. Retomada por Hicetas de Siracusa (filósofo y astrónomo griego, siglo IV a. C.) y por Heráclides del Ponto (filósofo griego, siglo IV a. C.), que proponen un sistema en el que la Tierra giraría sola sobre sí misma, mientras que los otros planetas girarían alrededor del Sol, también hay una teoría de los movimientos terrestres cotidianos de Nicolás de Oresme (prelado y sabio francés, 1325-1382). Por tanto, no es una idea nueva. Pero para un matemático como Nicolás Copérnico, parece que lo que más le chocó del sistema de Tolomeo es que, a pesar de su complejidad, es solamente aproximado y no explica correctamente algunos fenómenos observados. En su primer manuscrito astronómico, el *Nicolai Copernici de hypothesibus motuum caelestium a se constitutis commentariolus* (*Breve esbozo de las hipótesis de Nicolaus Copernicus acerca de los movimientos celestes*), difundido a partir de 1514, el astrónomo se limita a presentar sus principios (la Tierra no es el centro del sistema, todos los cuerpos celestes no tienen el mismo centro, el Sol es el centro del sistema, la Tierra realiza movimientos de rotación propios) que luego va a desarrollar y a demostrar en su único libro impreso, el *De revolutionibus orbium coelestium*.

Aristóteles y Tolomeo presentaban el cielo como una serie de esferas cristalinas (es decir, sólidas) incluidas las unas dentro de las otras, sobre las que circulaban los planetas. La Tierra estaba en el centro y los planetas se sucedían en este orden: Luna-Mercurio-Venus-Sol-Marte-Júpiter y, finalmente, Saturno. Para Copérnico, el centro es el Sol, alrededor del cual giran primero Mercurio, luego Venus, la Tierra, Marte, Júpiter y Saturno. La Luna ya no entra en este sistema, ya que solo tiene órbita alrededor de la Tierra, independientemente de los otros. Este sistema tiene la ventaja de explicar los movimientos retrógrados sin necesidad de utilizar todos los epiciclos de Tolomeo y, especialmente, rechazando el punto ecuante considerado como una aberración matemática por Copérnico. Estos en realidad se deben a la nueva posición de la Tierra: los planetas situados más allá de esta necesitan más tiempo para completar su rotación alrededor del Sol que la Tierra, que los adelanta con regularidad, dando la impresión de que «retroceden».

Copérnico vincula, por tanto, la distancia de los planetas respecto al Sol con la duración de su revolución (tiempo que tarda un planeta en hacer una vuelta completa alrededor del Sol). Cuanto más lejos está un planeta del Sol, más dura su revolución.

LOS MOVIMIENTOS TERRESTRES

Copérnico no se contenta con presentar el sistema heliocéntrico: también demuestra el movimiento terrestre. Sin embargo, su postura, como la del heliocentrismo, no es nueva. La presentaron antes dos de sus contemporáneos.

Primero, el cardenal alemán Nicolás de Cusa (1401-1464) propone un universo infinito, exento así de centro. La Tierra, un planeta entre otros, está animado con un movimiento propio. Aunque Nicolás de Cusa vuelve a tratar poco su teoría —situando la Tierra en el centro de una esfera celeste—, sigue convencido de la rotación de la misma. Comparten su pensamiento otros humanistas como Pico della Mirandola (humanista italiano, 1463-1494) o Jacobo Ziegler (humanista y teólogo alemán, 1471-1549) y, finalmente, Celio Calcagnini (1479-1541). Este diplomático al servicio del papado, reconocido humanista amigo de Erasmo, también defiende la rotación cotidiana de la Tierra sobre su eje en un universo fijo, oponiéndose de este modo a la idea de un universo que lograría girar en 24 horas, a una velocidad exorbitante, alrededor de un globo terrestre estacionario.

Si el Sol es el centro del sistema copernicano, la Tierra se une a los otros planetas en un doble movimiento circular que Nicolás Copérnico compara con el de una peonza.

Movimiento doble, ya que aunque la Tierra gira en un año alrededor de la estrella central, lo que explica los cambios de estación, también gira necesariamente sobre sí misma, debido a la alternancia día y noche.

LOS LÍMITES DEL SISTEMA COPERNICANO

Pero si Nicolás Copérnico revoluciona la astronomía con su sistema heliocéntrico y la presentación de los movimientos de la Tierra, mantiene algunos principios ptolemaicos:

- las órbitas son circulares;
- el sistema solar está encerrado en una esfera llena de estrellas fijas;
- los planetas continúan siendo sostenidos por esferas sólidas.

Por lo que se refiere a las estrellas fijas, la relación entre la distancia y la relativa falta de movimiento todavía no se establece, sin duda por falta de herramientas ópticas que permitirían superar los límites de la observación a simple vista.

En cuanto a las órbitas circulares, hacen que el sistema de Copérnico mantenga una complejidad comparable a la del sistema ptolemaico, que el polaco trató de superar. La circularidad y uniformidad del movimiento planetario impiden efectivamente dar cuenta correctamente de las retrogradaciones y las desaceleraciones aparentes. Copérnico también está obligado a conservar epiciclos.

UN ENFOQUE FILOSÓFICO

Una de las características de los textos medievales y modernos es el estrecho vínculo que se mantiene entre la ciencia y la filosofía. La obra de Nicolás Copérnico no rompe con esta tradición. La presentación de sus tesis astronómicas implica el desarrollo de un pensamiento filosófico que se basa en la construcción retórica de Aristóteles. Así, toma uno por uno los argumentos que podrían oponérsele y los refuta demostrando que su sistema responde a preguntas que no encuentran respuestas por otro lado, simplificando las tesis anteriores. Por esto, también se une al pensamiento teológico: Dios es perfección y simplicidad, por lo que su creación solamente puede ser como él.

La revolución copernicana se sustenta también por su manera de presentar el necesario distanciamiento entre el observador y el objeto observado. Aunque los filósofos griegos afirman que las apariencias pueden engañar, no introducen esta forma de relatividad según la que las observaciones varían, siguiendo el lugar en el que nos encontramos y según la que lo que puede parecer verdad en un punto puede resultar erróneo en otro. Esto viene a decir que pueden existir realidades no perceptibles (como los movimientos terrestres) de las que el científico tiene que poder dar cuenta.

Finalmente, el sistema copernicano es fruto de un pensamiento lógico y se apoya en la deducción y el cálculo, más que en la observación y la experiencia, por lo que es un ejercicio de la razón.

REPERCUSIONES

LA ACOGIDA POCO CALUROSA DE LOS PENSADORES DE LA REFORMA

Aunque la obra principal de Nicolás Copérnico se termina sin duda en 1514, no se publica hasta 1543 y su difusión es posible en gran parte gracias al único discípulo del astrónomo polaco, Rheticus. Este expone primero las tesis copernicanas en su propia obra *Narratio prima* (*Primera narración*), publicada en 1540, y luego se lanza a la publicación impresa de *De revolutionibus*, en Wittenberg (Alemania), donde es rechazada, y luego en Núremberg. En esos tiempos de Contrarreforma católica, presta a condenar cualquier cuestionamiento de su doctrina, parece sorprendentemente que en un primer momento Nicolás Copérnico haya estado protegido de la ira de la Iglesia.

Las primeras recusaciones provienen de otros pensadores y especialmente de algunos reformadores. Aunque Martín Lutero evoca, incluso antes de la publicación de *De revolutionibus*, las hipótesis extravagantes de un astrónomo que rechaza de inmediato, sin que se sepa con precisión si se trataba de Copérnico, es sobre todo Philipp Melanchthon (humanista alemán, 1497-1560) quien ataca al astrónomo polaco. Protector de Rheticus, este último comparte con él las primeras pruebas de su propia obra. Pero Philipp Melanchthon rechaza la idea de una Tierra en movimiento alrededor del Sol, porque es contraria a las Escrituras, que mencionan varias veces la estabilidad de la Tierra y el movimiento del Sol. Como entusiasta de la astrología, sin embargo, sigue siendo un admirador de la calidad de las observaciones de Nicolás Copérnico y de sus métodos de cálculo, y financia tablas hechas a partir de éstos.

Otro conocido reformador, Juan Calvino (1509-1564), aunque no condena directamente a Nicolás Copérnico —parece que no habla de él en sus textos—, pone en la picota a los que rechazan el geocentrismo.

Sin embargo, no todos los reformadores se oponen a las tesis copernicanas. Así, el teólogo alemán Andreas Osiander (1498-1552) es el corrector y el autor del prefacio de *De revolutionibus*. También es sin duda responsable de la discreción del eco de la obra de Nicolás Copérnico, que presenta como «ficciones calculatorias», evitando así herir la sensibilidad teológica de sus contemporáneos.

UNA REACCIÓN CATÓLICA TARDÍA

Además de este prefacio cauteloso de Andreas Osiander, si la Iglesia Católica parece reaccionar más lento que los humanistas reformados, puede ser a causa de la amistad que une a Nicolás Copérnico con algunos miembros eminentes de la Iglesia. Del obispo de Kulm, Tiedemann Giese (1480-1550), al cardenal de Capua, Nicolás Schonberg (1472-1537), de Johann Albrecht Widmanstetter (secretario del papa Clemente VII, 1506-1557) al mismo papa (1478-1534), mucha gente le animó a publicar sus obras. Incluso dedica su libro al papa Pablo III (1468-1549). Alejandro Farnesio —que más tarde tomará el nombre de Pablo III— es un humanista apasionado. Amigo de Erasmo, es principalmente el iniciador del Concilio de Trento y de la reforma católica. Nicolás

Copérnico recuerda en su dedicatoria que el pensamiento matemático no debe estar sujeto a la teología, que cada uno tiene que evolucionar de forma independiente, y que las mayores innovaciones a menudo son criticadas antes de ser reconocidas en su justo valor.

Pero si las teorías de Copérnico no emocionan en un primer momento a las autoridades católicas, se debe también al hecho de que su difusión en un principio solamente afecta a un círculo limitado de intelectuales, para los que solamente son líneas de trabajo. No es hasta la época de Galileo que las cosas se precipitan. De hecho, el sabio de Pisa defiende el heliocentrismo y especialmente los movimientos terrestres basándose en la obra de Copérnico. De esta forma, estos llegan a la parte delantera del escenario con el apoyo de Galileo, que se niega a considerarlos como meras hipótesis, y los plantea como una realidad física. Su intransigencia despierta la cólera de la Santa Sede, que lo llama en el año 1616, censura sus escritos y pone los de Nicolás Copérnico en el Índice de libros prohibidos. Galileo persiste, lo que le vale un proceso decisivo en 1633, donde abjura su posición. Los textos de Copérnico no se eliminarán del Índice de forma parcial hasta 1754 y por completo hasta 1835.

LOS LIBROS PROHIBIDOS

El *Index Librorum Prohibitorum* (Índice de libros prohibidos) es el censo bajo forma de lista de los libros prohibidos por la Iglesia católica. El papa Pablo IV (1476-1559) es quien hace establecer su primer catálogo en 1559, a raíz de las peticiones de la Inquisición. Una congregación se dedica a él específicamente desde 1571 para comprobar los nuevos escritos y actualizar el Índice. Se disuelve en 1966, durante el Concilio Vaticano II.

LA REVOLUCIÓN COPERNICANA

A pesar de la prohibición del libro, la revolución copernicana está en marcha. De hecho, el trabajo de Nicolás Copérnico abre nuevas perspectivas y nuevos campos que precipitarán los descubrimientos astronómicos. Si Galileo vuelve famoso al heliocentrismo y a los movimientos terrestres, su contemporáneo Johannes Kepler, igual de apasionado por la ciencia óptica que su ilustre colega italiano, se basa en las teorías de Copérnico y en las observaciones altamente precisas del astrónomo danés Tycho Brahe para calcular la distancia de los planetas entre ellos y su velocidad de desplazamiento. Al preguntarse sobre la aparente irregularidad de esta última admite que las órbitas planetarias no son circulares, sino elípticas. Sus tres leyes básicas permitirán entonces a Isaac Newton desarrollar la ley de la gravitación universal, que se recuperará —para ser cuestionada— en los trabajos sobre la relatividad Albert Einstein. Así pues, las hipótesis de Nicolás Copérnico originan una oleada de descubrimientos en las que se basa la astrofísica contemporánea.

LAS LEYES DEL MOVIMIENTO

Primero Johannes Kepler y después Isaac Newton, a su vez, definieron tres leyes fundamentales del movimiento.

Las de Kepler son las siguientes:

- los planetas tienen una trayectoria elíptica de la que el Sol es uno de los focos;
- la ley de las áreas. Las áreas barridas por el radio del planeta Sol son proporcionales al tiempo, lo que implica que la velocidad rotatoria de un planeta se acelere a medida que este se acerca al Sol y se ralentice a medida que se aleja de él;
- la ley de los períodos. La relación del cuadrado de los periodos de revolución al cubo del semieje mayor de la órbita (radio de la mayor parte de la elipse) es constante. Esta fórmula permite calcular la distancia de los planetas.

Basándose en particular en la segunda ley de Kepler, Isaac Newton establece tres nuevas leyes fundamentales:

- la ley de la inercia. En la ausencia de fuerza exterior, la cantidad de movimiento de un sistema permanece constante;
- la ley de aceleración. Si una fuerza actúa sobre un cuerpo, el movimiento de este cuerpo se acelera en dirección de la fuerza;
- la ley de acción y reacción. Las fuerzas actúan de forma recíproca. Si un cuerpo ejerce una fuerza sobre otro cuerpo, este último reacciona sobre el primero con una fuerza igual y opuesta.

Estas tres leyes permiten definir la ley de la gravitación

universal.

Finalmente, Einstein hace salir la física del universo tridimensional newtoniano para conducirla hacia un universo cuatridimensional en el que la gravedad ya no es una fuerza que atrae, sino el efecto de una curva del espacio-tiempo. Los planetas ya no están atraídos por una fuerza, sino que «resbalan» por la «pendiente» creada por esta curva.

- Nicolás Copérnico nace el 19 de febrero de 1473 en Toruń en Polonia, en una familia rica de comerciantes polacos.
- Cuando mueren sus padres, lo adopta su tío, Lukas Watzenrode, poderoso hombre de la Iglesia, que le

permite seguir estudios en las universidades de Cracovia, Bolonia y Padua.

- Dos grandes maestros lo inician en la astronomía: uno polaco, Alberto de Brudzewo, y el otro italiano, Domenico Maria Novara.

- Nombrado canónigo del cabildo de Frombork, realiza funciones de médico, administrador, escribe un tratado de economía y participa en la defensa de la ciudad de Olszytn.

- Hace construir una torre de observación al lado de la catedral de Frombork y, al mismo tiempo que cumple con su cargo eclesiástico, se dedica a su pasión por la astronomía.

- En 1514, en una breve obra llamada *Commentariolus*, formula sus nuevas hipótesis: la Tierra ya no es inmóvil ni está en el centro del sistema planetario. Gira sobre sí misma y alrededor del Sol, como los otros planetas.

- En 1543, año de la muerte de Nicolás Copérnico, su único discípulo Rheticus hace publicar *De revolutionibus orbium coelestium*, en la que en astrónomo demuestra y explica todos sus cálculos y su nuevo sistema heliocéntrico. El entorno protestante recibe la obra con reticencia.

- En 1616, el libro de Nicolás Copérnico, hasta ahora bien acogido por las autoridades eclesiásticas, se añade al Índice de libros prohibidos, tras los trabajos de Galileo.

- La expresión «revolución copernicana» marca la importancia de la obra de Nicolás Copérnico en la evolución de la astronomía, a través de los descubrimientos de Johannes Kepler o incluso de Isaac Newton.

¡Tu opinión nos interesa!
¡Deja un comentario en la página web de tu librería en línea,
y comparte tus favoritos en las redes sociales!

PARA IR MÁS ALLÁ

FUENTES BIBLIOGRÁFICAS

- Biskup, Marian. 1974. "Nouvelles recherches sur la biographie de Nicolas Copernic". *Revue d'histoire des sciences*, tomo 27, n.º 4.
- Lebranchu, Jean-Yves. 1934. *Écrits notables sur la monnaie (XVIe siècle), de Copernic à Davanzati*. París: Alcar.
- Lerner, Michel-Pierre. 2006. "Aux origines de la polémique anticopernicienne (II)". *Revue des sciences philosophiques et théologiques*, n.º 3
- Lipinski, Edward. 1961. *De Copernic à Stanislas Leszczynski*. París: Classiques de l'Économie et de la Population.
- Luminet, Jean-Pierre. 2010. *Les bâtisseurs du ciel*. París: JC Lattès.
- Przypkowsk, T. 1951. "Les instruments astronomiques de Nicolas Copernic". *L'astronomie*.
- Szczeciniarz, Jean-Jacques. 1998. *Copernic et la révolution copernicienne*. París: Flammarion.
- Thuan, Trinh Xuan. 2009. *Le dictionnaire amoureux du Ciel et des Étoiles*. París: Plon/Fayard.
- Verdet, Jean-Pierre. "Nicolas Copernic". *Encyclopedia Universalis*. Consultado el 24 de octubre de 2014.

FUENTES COMPLEMENTARIAS

- Borkowska, Urszula. 1990. "La culture religieuse des Jagellons polonais". *L'Église et le peuple chrétien dans les pays de l'Europe du Centre-Est et du Nord (XIVe-XVe siè-*

cles). Actes du colloque de Rome (27-29 janvier 1986). Roma: École Française de Rome.
- Clavelin, Maurice. 1964. "Galilée et le refus de l'équivalence des hypothèses". *Revue d'histoire des sciences et de leurs applications*, tomo 17, n.° 4.
- Latreille, André. 1975. "De Luther à Mohila. La Pologne dans la crise de la Chrétienté, 1517-1648". *Revue Historique*, tomo 254, fasc. 1 (515).
- Stauffer, Richard. 1971. "Calvin et Copernic". *Revue de l'histoire des religions*, tomo 179, n.° 1, París.

FUENTES ICONOGRÁFICAS

- Representación de la trayectoria de un planeta en el sistema ptolemaico. La imagen reproducida está libre de derechos.
- Foto de un cuadrante conservado en el museo Copérnico de Frombork. La imagen reproducida está libre de derechos.
- Dibujo que representa una esfera armilar presente en *L'Encyclopédie* de Diderot y de Alembert. La imagen reproducida está libre de derechos.
- Dibujo que representa un triquetrum. La imagen reproducida está libre de derechos.

ICONOGRAFÍA

- *Nicolás Copérnico*, anónimo, 1580, conservado en el museo de la ciudad de Toruń (Polonia).
- *Nicolás Copérnico*, anónimo de la escuela alemana, siglos XVᵉ-XVIᵉ, Bibliothèque de l'observatoire de Paris, Francia.